AF359529

DÉLÉGATION DE LA RÉPUBLIQUE ARMÉNIENNE

A LA CONFÉRENCE DE LA PAIX

L'ARMÉNIE TRANSCAUCASIENNE

TERRITOIRES

FRONTIÈRES

ETHNOGRAPHIE

STATISTIQUE

PARIS, DÉCEMBRE 1919

TABLE DES MATIÈRES

L'ARMÉNIE TRANSCAUCASIENNE

Par suite de la proclamation de l'indépendance de l'Arménie, de la Géorgie et de l'Azerbeidjan, immédiatement après la dissolution de la Diète Transcaucasienne, les Arméniens, les Géorgiens et les Tartares sont devenus maîtres des territoires qu'ils habitaient.

La Transcaucasie proprement dite — c'est-à-dire sans inclure le Daghestan, qui se trouve au delà de la chaîne du Caucase, et la province de la mer Noire avec son chef-lieu Novorossisk — couvre une superficie totale de 195.000 kilomètres carrés et compte une population de 7.008.000 habitants répartie comme suit (voir annexe I) :

    2.303.000 Tartares, Turcs, Karapapakhs, Turcomens, Tates, Talichins, Persans.

    1.787.000 Arméniens.

    1.784.000 Géorgiens (y compris 139.000 Géorgiens musulmans).

    915.000 Russes, Allemands, Polonais et autres Occidentaux, Nestoriens, Grecs, Yézidis, Tziganes, Juifs.

    117.000 Montagnards du Caucase du Nord.

    102.000 Kurdes.

Les trois principaux peuples de la Transcaucasie, Arméniens, Géorgiens et Tartares, en se constituant en États, se sont trouvés devant la nécessité de partager entre eux les territoires de la Transcaucasie. Les autres petits peuples n'ont pas de prétention à une existence politique indépendante.

La première question qui s'est posée devant les trois Républiques nouvellement constituées, fut celle-ci. Quel serait le principe d'après lequel devait s'opérer le partage de ces territoires?

Après de longs pourparlers et des délibérations, elles décidèrent, d'un commun accord, de prendre comme base de délimitation le principe ethnique, tout en tenant compte des conditions géographiques, économiques, historiques et stratégiques.

En effet, le principe ethnographique a, depuis longtemps, acquis droit de cité dans les pays civilisés, et il a été confirmé pendant la guerre mondiale par les Puissances de l'Entente, qui ont proclamé le droit des peuples de disposer librement de leur sort.

La délimitation ethnique de la Transcaucasie correspond à sa délimitation géographique et ces deux principes s'accordant dans leurs grandes lignes, permettent de partager les territoires de la Transcaucasie entre les Arméniens, les Géorgiens et les Tartares aussi équitablement que possible.

Les Géorgiens habitent les régions Ouest, les Tartares les régions Est et les Arméniens les régions Sud de la Transcaucasie.

Il est relativement facile de délimiter ethnographiquement et géographiquement les territoires habités par les Arméniens de ceux habités par les Géorgiens. Par contre, la délimitation des territoires habités respectivement par les Arméniens et les Tartares offre une certaine difficulté, ces deux peuples vivant mêlés dans certaines régions.

Cependant, en tenant compte des considérations géographiques et historiques, et en prenant pour base la majorité de la population, on peut affirmer que les Tartares habitent de préférence les plaines de la Transcaucasie qui s'étendent du pied des hauteurs du Karabagh et d'Elisavetpol jusqu'à la mer Caspienne, tandis que les Arméniens habitent les régions montagneuses et les hautes vallées.

C'est en s'appuyant sur ce qui précède et sans oublier les conditions économiques, que la Délégation de la République Arménienne a l'honneur de vous soumettre ce plan de délimitation des territoires de la Transcaucasie.

D'après ce plan de délimitation, l'Arménie transcaucasienne doit comprendre le Gouvernement d'Erivan en entier, la partie sud du Gouvernement de Tiflis, les régions sud-ouest du Gouvernement d'Elisavetpol et la province de Kars (en exceptant la région située au nord d'Ardahan).

Les territoires ainsi délimités couvrent une superficie de 67.000 kilomètres carrés et sont habités par une population de 2.160.000 âmes répartie comme suit (voir annexe II) :

1.293.000 Arméniens.
588.000 Tartares, Turcs, Karapapakhes, Turcomans, Montagnards du Caucase du Nord, Persans.
123.000 Divers éléments chrétiens (Russes, Grecs, Géorgiens, Nestoriens).
82.000 Kurdes.
50.000 Yézidis.
24.000 Tziganes.

Cette délimitation n'est pas conforme aux vues de nos voisins dont les prétentions ne peuvent, en aucune façon, être justifiées par des considérations ethniques, géographiques et autres.

Ainsi, les Géorgiens désirent incorporer à la Géorgie le district d'Akhalkalakh et une partie du district de Bortchalou se trouvant au nord de l'Arménie, alors que ces provinces comptent une population de 146.800 Arméniens contre 11.455 (1) Géorgiens en tout (voir annexes II, III, IV).

Les prétentions des Tartares vont plus loin. Ils aspirent à la domination du district de Kazakh, de la région montagneuse d'Elizavetpol, du Karabagh, de Zanguezour ; ils demandent même à pénétrer jusqu'au cœur de l'Arménie et par là arriver jusqu'à Kars.

Les Tartares ne désirent donc pas partager la Transcaucasie plus ou moins équitablement, mais veulent étendre leur domination sur tout le pays, du Daghestan et de la mer Caspienne, jusqu'à Kars à travers l'Arménie transcaucasienne et de là jusqu'à Batoum, avec l'arrière-pensée de réaliser ainsi leur programme pantouranien et d'opérer leur jonction avec la Turquie.

Mais un coup d'œil jeté sur la carte de la Transcaucasie suffit pour se convaincre qu'en deçà des hauteurs du Karabagh, la physionomie ethnographique et géographique du pays change complètement et que ces régions forment partie intégrante du haut plateau arménien.

(1) Dont 2.877 Géorgiens musulmans.

En effet, les parties arméniennes des districts de Kazakh, Elisavetpol, Choucha, Djevanchir et Kariaguine qui couvrent une superficie de 13.850 kilomètres carrés, comptent une population de 255.000 Arméniens contre 72.500 Musulmans en tout, et que les Arméniens forment dans ces régions 75.46 % de la population totale (voir annexes II, V, VI, VII).

Les districts de Zanguezour, Nakhitchevan, Charour, Erivan et Etchmiadzine qui bordent la rivière Arax, couvrent une superficie de 19.320 kilomètres carrés avec une population de 405.000 Arméniens contre 316.000 Turco-Tartares (voir annexe VIII).

Nous ne mentionnons pas ici le district de Novo-Bayazet situé sur les hauteurs dominant la vallée de l'Arax, qui contient une grande majorité arménienne (129.347 Arméniens contre 50.713 Tartares). Nous ne mentionnons pas non plus le district de Sourmalou, qui s'étend entre les deux montagnes arméniennes, l'Ararat et l'Aragatz (l'Alaguez) dont la majorité tartare est insignifiante (45.954 Tartares contre 32.686 Arméniens).

La vallée de l'Arax, jusqu'au Zanguezour, est l'unique voie d'accès des montagnes de l'Arménie. Elle forme, au point de vue géographique, partie intégrante du haut plateau arménien et en constitue la principale artère. Au point de vue climatérique, cette vallée se trouve sous l'influence directe des hauteurs environnantes, qui sont elles-mêmes à une altitude de 800 à 1.000 mètres, et n'ont aucun rapport avec les plaines de l'Azerbeidjan qui s'étend au-delà de Zanguezour jusqu'à la mer Caspienne et n'ont qu'une altitude moyenne de 200 à 300 mètres.

La vallée de l'Arax constitue l'unique voie de communication commerciale et économique de l'Arménie. C'est par elle que Kars, Erivan et Alexandropol, se trouvent réunis. C'est par l'Arax qu'Erivan est rattaché à Nakhitchevan, et c'est toujours l'Arax qui réunit l'ancienne Arménie turque à l'Arménie transcaucasienne. La vallée de l'Arax est l'unique débouché de l'Arménie vers les pays voisins au nord et au sud et notamment vers la Perse. L'Arménie, privée de la possession de la vallée de l'Arax, resterait emprisonnée sur ses hauteurs et serait vouée à une ruine certaine.

La vallée de l'Arax a été pendant des siècles le centre de l'Histoire arménienne et de sa civilisation. C'est là que se trouvaient les anciennes capitales de l'Arménie, Vagharchabad, Armavir, Ardachad, Dwin. C'est là qu'a été fondée, en l'an 303, la célèbre Cathédrale d'Etchmiadzine qui reste encore jusqu'à nos jours le sanctuaire religieux et national du peuple arménien, et cela depuis 16 siècles.

C'est là enfin que les Arméniens ont fondé, le 28 mai 1918, la République Arménienne, dont la capitale Erivan se trouve dans le voisinage de notre « Mère Arax ».

La population arménienne des régions limitrophes de l'Arax, forme encore de nos jours, comme nous venons de le prouver, la majorité de la population totale. Les Arméniens de ces régions furent déportés en masse par le Shah Abbas en Perse, au commencement du XVII° siècle, et des immigrants Tartares prirent la succession des Arméniens et peuplèrent ces provinces arméniennes.

Ce n'est qu'au lendemain de la domination russe que la population arménienne de ces provinces a pu se développer, quand les peuples ont été dans la possibilité de se déplacer librement et de rentrer dans leurs foyers.

Après la vallée de l'Arax sur laquelle nous avons particulièrement insisté, car elle constitue le centre de l'Arménie, nous engloberons enfin dans les limites de l'Arménie transcaucasienne les districts de Kars et de Kaghizman dans lesquels les Arméniens forment la majorité relative et qui constituent géographiquement la partie centrale du haut-plateau arménien. La prétention des Tartares sur ces provinces, qui se trouvent bien au delà et absolument séparées de l'Azerbeidjan, n'est que l'expression de visées impérialistes.

Le district de Kars compte une population de 80.752 Arméniens, 51.659 Tartares, Turcomans et Montagnards du Caucase du Nord, 10.911 Kurdes et environ 20.000 autres éléments chrétiens. Quant au district de Kaghizman, il compte 35.881 Arméniens, 5.782 Tartares, 20.677 Kurdes et environ 13.500 autres éléments chrétiens (voir annexe IX).

La réalisation des visées de l'Azerbeidjan sur ces provinces signifierait tout simplement un arrêt de mort porté à l'Arménie, ce qui a constitué d'ailleurs et constitue encore aujourd'hui le seul but poursuivi par les Tartares et les Turcs.

La Délégation de la République Arménienne revendique par le présent mémoire un territoire de 67.000 kilomètres carrés en Transcaucasie, ce qui constitue environ le tiers de la superficie totale de la Transcaucasie et correspond proportionnellement à l'importance numérique de la population arménienne.

Les territoires que nous revendiquons pour l'Arménie forment les régions les plus pauvres et les plus arides de la Transcaucasie. On n'y trouve aucune grande ville florissante, aucune richesse naturelle exploitée, comme en possèdent l'Azerbeidjan et la Géorgie. On y trouve, par contre, de grandes étendues de terrains incultivables.

1.293.000 Arméniens habitent ces territoires sur un total de 1.787.000 Arméniens disséminés dans toute la Transcaucasie. Donc 494.000 Arméniens, soit un tiers environ de notre population totale de Transcaucasie, restent en Géorgie et en Azerbeidjan.

Dans l'Arménie transcaucasienne, telle qu'elle a été délimitée dans le présent mémoire, l'élément arménien formera 60 %, l'élément tartare 27 %, les autres religions chrétiennes 6 % ; donc les Arméniens et autres chrétiens réunis formeront 66 % de la population totale (annexe II).

On voit donc clairement par tout ce qui précède que la répartition du territoire de la Transcaucasie, telle que nous la demandons, est juste et équitable, dans les limites possibles.

Comme preuve de l'esprit de conciliation des Arméniens, nous mentionnerons le fait que, malgré que les Arméniens prédominent dans la région de Tiflis, ce rayon n'est pas compris dans l'Arménie, d'après le présent plan (Voir annexe X).

En soumettant ce plan de constitution territoriale de cette partie de l'Arménie au Caucase, basé sur les principes exposés ci-dessus, la Délégation de la République Arménienne est persuadée qu'au moment de la délimitation des frontières des États Transcaucasiens, il sera strictement tenu compte des intérêts vitaux du peuple arménien, ainsi que de ceux des peuples des contrées limitrophes.

NOTE EXPLICATIVE

concernant la répartition de la population dans les trois Républiques de la Transcaucasie

Les Arméniens dans les limites de l'Azerbeïdjan

Après la démarcation des frontières des trois républiques du Caucase, suivant notre plan, il reste encore environ 184.000 Arméniens sur le territoire de l'Azerbeïdjan. Ils se répartissent comme suit :

1.	Dans la province de Noukha	26.000
2.	d'Elizavetpol	17.000
3.	Arèche	19.500
4.	Gueuktchaï	17.500
5.	Chamakha	22.500
6.	Dans la ville de Bakou et ses environs	77.500
7.	Dans les districts Djevat, Kouba, Lenkoran	4.000

Total : 184.500

Les Tartares dans les limites de l'Arménie

Le nombre des Tartares dans les confins de l'Arménie est de 506.000, répartis comme suit :

1.	Dans la province de Bortchalou	9.600
2.	Kazakh	9.000
3.	Elizavetpol	16.000
4.	Djévanchir	17.000
5.	Choucha	30.000
6.	Zanguezour	50.000
7.	Erivan	366.000
8.	Akhalkalak	8.000

Total : 506.000

Les Turcs des districts de Kars et de Kaghizman ne sont pas compris dans ces chiffres, car, n'étant pas Tartares, ils n'ont pas de rapports avec l'Azerbeïdjan.

Si le Karabagh Arménien et les parties arméniennes des districts d'Elizavetpol et de Kazakh devaient passer sous la domination de l'Azerbeïdjan, nous perdrions de ce fait 355.000 Arméniens de plus, répartis comme suit :

1.	Dans la province de Kazakh	61.000
2.	Elizavetpol	52.000
3.	Djévanchir	22.000
4.	Choucha	98.000
5.	Kariaguine	22.000
6.	Zanguezour	100.000

Total : 355.000

En ajoutant ces chiffres à ceux des Arméniens habitant actuellement l'Azerbeidjan, nous obtenons un total de 539.000 Arméniens sous la dénomination du Gouvernement de l'Azerbeidjan. D'un autre côté, le nombre des Tartares demeurant dans les limites de l'Arménie actuelle diminuera de 123.000, de telle façon qu'il ne resterait en Arménie que 383.000 Tartares.

Les Arméniens dans les limites de la Georgie

Le nombre des Arméniens dans les limites de la Georgie est de 307.060, répartis comme suit :

1.	Dans le gouvernement de Tiflis	264.000
2.	— de Koutaïs	4.605
3.	Dans la province de Batoum	15.182
4.	Dans le district de Soukoum	20.743
5.	— Zakatala	2.530

Total : 307.060

De cette façon, si le Karabagh et le Zanguézour Arméniens passaient à l'Azerbeidjan, nous obtiendrions le chiffre de 539.000 Arméniens pour l'Azerbeidjan et de 307.060 Arméniens pour la Georgie : en tout, il resterait 846.060 Arméniens sur les territoires de ces deux républiques voisines, tandis que sur le territoire de notre propre pays nous n'aurions que 8.000 Georgiens et 384.000 Tartares.

Si, au contraire, il devait être donné suite au plan de délimitation des frontières exposé dans notre rapport, nous obtiendrions ce qui, aux points de vue historique, géographieque et ethnographique appartient de droit à l'Arménie et, dans ce dernier cas, nous aurions sur le territoire de l'Arménie 8.000 Georgiens et 506.000 Tartares. Par contre, nous laisserions environ 184.000 Arméniens à l'Azerbeidjan et 307.060 Arméniens à la Georgie, ce qui fait un total de 491.060.

D'un autre côté, l'Azerbeidjan a abandonné à la Georgie environ 70.000 Tartares, tandis que les Georgiens n'ont qu'un très petit nombre de leurs co-nationaux habitant l'Azerbeidjan, y compris quelques milliers à Bakou et à Elizavetpol.

En d'autres termes, les Georgiens abandonnent en dehors de leurs frontières à peine 2 %, les Tartares 23 % et les Arméniens 27 %, de leurs co-nationaux. Priver l'Arménie d'un nombre encore plus considérable d'Arméniens ce serait autre chose que la création d'une Arménie sans Arméniens.

LES FRONTIÈRES DE L'ARMÉNIE TRANSCAUCASIENNE

(La République Arménienne)

Commençant au mont Beuyuk Sirt (8.904), sur l'ancienne frontière russo-turque de 1914, la frontière coïncide, jusqu'au mont Khorossan (9.310) avec la limite administrative qui sépare le District de Artvin, dans le Gouvernement de Batoum, et celui de Olti, dans le Gouvernement de Kars.

Du mont Khorassan (9310), la frontière prend la direction du Nord-Est, suivant, jusqu'au mont Duz-Tagh, la limite qui sépare les districts de Artvin et d'Ardahan. Du mont Duz-Tagh, la frontière prend en général la direction du Sud-Est, et passant par le mont Konkouzkouli, atteint la rivière Koura au village de Tchikolar. De ce dernier point la frontière se tournant vers le Nord-Est suit la rivière Koura jusqu'au village Kartanakev, d'où elle va vers le Nord, suivant la limite Ouest (rivière Koura) du district d'Akhalkalak, jusqu'au village Oskoria. De ce dernier point, la frontière prend la direction du Nord-Est, correspondant jusqu'au mont Kara-Kaya (9.351) avec la limite séparant les districts d'Akhalkalak et d'Akhaltzikh.

Du mont Kara-Kaya (9.351) la frontière va par la crête, vers le Nord-Est, par les hauteurs Tzkhra-Tzakharos-Mta (8.807) Sakvelos-Mta (9.221) jusqu'à l'angle Nord-Ouest de la frontière du district de Bortchalou. Plus loin la frontière, passant par la chaîne de Trialet, se confond avec la frontière septentrionale du district de Bortchalo, jusqu'au point situé à sept verstes à l'Est du mont Ardjevan, après quoi elle tourne au Sud-Ou et va en ligne droite jusqu'au point situé sur la rivière Khram, à une verste à l'Est du village Darakev. De ce dernier point à une verste à l'Est du village Darakev), la frontière va vers l'Ouest suivant la rivière Khram, jusqu'au village Iéddi-Kilis-a, et évitant ce village du côte du Nord, se dirige en ligne droite vers le mont Iniak-Tapa (6.656, et, plus loin, toujours en ligne droite, vers le mont Biket.

Du mont Biket, elle se confond avec la limite orientale du district d'Akhalkalak jusqu'à la hauteur 8.891, d'où elle va par la vallée de Sarf-Dara et par la rivière du même nom, jusqu'au village Troussi. Elle avance plus loin par les sommets dans la direction équatoriale, jusqu'au Mont 4.949, après quoi elle tourne au Nord et atteint par la crête le Mont 3.789, à 2 verstes au Sud-Est du village Tabakhmeli). De ce point, la frontière va par la crête au Nord-Est, et tournant à 2 verstes au Nord du village Bolnis-Kalchin, avance dans la direction du Sud-Est par le Mont 3.857, Til-Dagh 3.745, le pic Takhmaz-Kaya, jusqu'à la ligne de partage des eaux entre la rivière Sabzagani-Tchaï et la rivière Choulaver-Tchaï, pour atteindre le tumulus Ouzoun-Tala.

Du tumulus Ouzoun-Tala, la frontière va en ligne droite jusqu'au point situé à une verste au Nord du village Emir après quoi elle avance dans une direction générale vers le Sud, en passant à 3 verstes de la ligne de chemin de fer Tiflis-Alexandropol et tourne à l'Est par la crête au parallèle du mont Gedek-Bouroun (3.983), évitant du côté du Nord les villages Balakend, Kalatcha ; évitant au Nord le village Kalatcha, la frontière se dirige vers le Sud-Est, contournant à une verste au Nord et à l'Est le village Kouronn-Sou, après quoi elle avance en ligne droite vers l'Est et atteint le mont Avey. Du mont Avey, la frontière va vers le Sud jusqu'au mont Satiemisch ; plus loin, elle tourne vers le Sud-Est et va jusqu'au mont Karayal (2.527 situé à 2 verstes au Nord-Est du village Lialiakend. Du mont Karayal, la frontière va au Sud-Est jusqu'au mont Otzakar et, gardant plus loin toujours la même direction, atteint la rivière Khoumzourkout, le mont Chichtapa, en évitant du côté du Nord les villages Tatli et Tasakend.

Du mont Chichtapa, la frontière va vers le Sud-Est en coupant le fleuve Khoumzourkout et va plus loin, dans la même direction, jusqu'à la crête des montagnes séparant les eaux des fleuves Khoumzourkout et Asrak-Tchaï ; après quoi, elle tourne vers le Sud jusqu'à la parallèle du village Koulali. De ce point, la frontière se dirige vers l'Est en coupant la frontière des districts de Kazakh et d'Elisavetpol jusqu'au mont Sébendagh à l'endroit Badakend. Ensuite, elle tourne vers le Nord en suivant la crête et contournant le village Badakend du côté Nord dans la direction Sud-Est ; elle arrive ainsi jusqu'au mont Samanlough, d'où elle se dirige vers le Nord-Est, contournant du côté Nord le cloître de Boulanmigh. Elle se dirige ensuite vers le Sud-Est pour arriver au mont Khatchiser de manière que le village Tchardakhli reste au Sud de la frontière projetée. Du mont Khatchiser la frontière va vers le Sud-Est dans la direction du mont Handja, laissant le village Nousguer au Sud de la frontière projetée.

Du mont Handja, la frontière se dirige vers le Sud-Est vers la hauteur 3.319 et ensuite dans la direction Est vers le mont Tuliak (3.878, en laissant au nord le village Elenendorf et au Sud les villages Sournabad et Ablagh. Du mont Tuliak (3.878), la frontière tourne, dans une direction générale au Sud-Est, et atteint la rivière Terter à une verste à l'Est du village Tchayli, évitant du Nord les villages Erketsch, Enghikend, Talisch et séparant le village Karatchinar du village Molla-Valalloa. Du point se trouvant à une verste à l'Est du village Tchayli, sur la rivière Terter, la frontière tourne au Sud et arrive par les monts Karaman-Dagh, Sordja (2.392) jusqu'à la hauteur à trois verstes au Nord-Ouest du village Kirdjamal. De ce dernier point de la frontière, elle va vers le Sud-Est jusqu'au mont Ploou-Tapa (2.373, de telle manière que les villages Arapzamin, Takir, Enghikend, Akhkend, restent au Sud, tandis que les villages Goulaplou, Kotliarevka restent au Nord de la frontière projetée. Du mont Ploou-Tapa (2.373), la frontière prend une direction générale vers le Sud jusqu'au village Biniatlou du district de Karaguine, passant par les monts Kuyet-Tapa (2.051) par un embranchement oriental du mont Markouchine-Khout (4.199) et par le mont Argunasch (4.867) de telle manière que les villages du Bas-Veissali, Akhvaschlou, Davanandar, Gamasch-Atlou, Karadarlou, Suleymanlou, restent à l'Est, tandis que les villages Souz, Avchari, Dondalchki, Kermanté (?) n. Grélorouth, le Quartier Général Vank, le village Afandiliar, restent à l'Ouest de la frontière projetée. Du village Biniatlou qui reste au Sud de la frontière, celle-ci tourne au Nord-Ouest et va par la chaîne jusqu'au mont Ziaret (8.186, laissant à l'Est les villages Djilan, Minikadara, tandis que les villages Kalaplou, Sargli, restent à l'Ouest de la frontière.

Du mont Ziaret (8.186), frontière se confond avec la frontière du district de Choucha, jusqu'au mont Grand-Kirs (8.989) sur la chaîne de Karabagh. Du mont Grand-Kirs (8.989) la frontière va dans une direction générale au Sud-Ouest jusqu'au village Chah-Verdliar sur la rivière Bazar-Tchaï, d'abord par la crête, jusqu'à l'embouchure de la rivière Milkhalev, ensuite par la rivière Akera, jusqu'au village Makserdlou ; plus loin, par le mont Mazmazak (3.643, en ligne droite jusqu'au pont Hussein-Kerpi sur la rivière Bazar-Tchaï pour suivre plus loin le cours de cette rivière jusqu'au village Chah-Verdliar, d'où la frontière prend une direction générale vers le Sud en ligne droite jusqu'au sommet Kiapias 6.757 , de là elle traverse la rivière Tchaï-Zemi, atteint toujours dans la même direction, le mont Agdjigayin, pour aller plus loin par la ligne de partage des eaux des rivières Okhtchi-Tchay et Bazar-Tchay (Bargouchet) jusqu'au lit Sousan-Tépé en prenant, depuis le mont Agdjigayin, une direction vers l'Est sur une longueur de 5 verstes par la chaîne, après quoi, suivant toujours la même chaîne, la frontière se dirige vers le Sud par les sommets des monts Kizil-Vank (5.922), Ardzivanik, Pilassor (4.335) et la hauteur 3.536. Sans changer de direction vers le Sud, du mont Sousan-Tépé, la frontière va en ligne droite vers le mont Khaguin-Khout, traversant dans la même direction la rivière Okhtchi-Tchay, elle atteint par la crête, la jonction des rivières Bassout-Tchay et Chikhaous-Tchay ; de là, elle se dirige vers le haut par le cours de Bassout-Tchay, en traversant cette dernière rivière à 2 verstes vers l'Ouest du village Gand. D'ici, ayant une direction vers le Sud-Ouest, la frontière atteint le mont Miamboutoum sur la chaîne Mingri-Gunech, se dirigeant par la chaîne dans une direction Sud-Est, jusqu'au mont Barthaz (7.417), d'où, par la crête et par le sommet du mont Saghirt (4.620), elle atteint le poste d'Akhbante sur la rivière Arax.

Sur le restant du parcours, la frontière coïncide, jusqu'au mont du Grand Ararat, avec l'ancienne frontière russo-persane.

NOTE EXPLICATIVE

sur la description des

Frontières de l'Arménie Transcaucasienne

Le principe ethnographique a servi de base à ce projet de délimitation. On ne s'est départi de ce principe que dans des cas exceptionnels, là où par suite des conditions géographiques, économiques, stratégiques, tant pour l'Arménie que pour les États voisins, il y avait nécessité absolue de le faire. La frontière, dans la province de Kars, se trouve ainsi tracée de telle façon que sur le territoire arménien entrent non seulement les districts de Kars et de Kaghisman, où la population arménienne prédomine, mais encore celui d'Olti et une partie de celui d'Ardahan, jusqu'à la ligne de la rivière Koura.

Sans l'adjonction de ces parties (du district d'Olti et d'une part de celui d'Ardahan) de la province de Kars, la forteresse de Kars elle-même, (clef de l'Arménie du Caucase) se trouverait à 20 kilomètres de la frontière.

Malgré que dans le district d'Olti la population arménienne soit en minorité, la République Arménienne revendique ce district pour la raison même que la ligne du chemin de fer qui doit réunir l'Arménie à la mer Noire ne peut être construite qu'en suivant le cours des rivières Olti-Tchaï et Tchorok.

Du mont Kara-Kaya (9.351), la frontière, au lieu de passer par la limite administrative du district d'Akhalkalak, est tracée sur la chaîne naturelle qui passe par les hauteurs Tzkhra-Tzkharos-Mta (8.807) et Sakvelos-Mta (9.221). Le petit morceau enclavé d'environ 150 kilomètres carrés est exclusivement habité par une population arménienne de 1.100 hommes. Si ce morceau était compris dans les limites du district de Gori et du commissariat de Borjom, c'était pour la commodité des biens du Grand Duc Mikaël Nicolaevitch à Borjom, qui s'étendaient jusqu'au lac Tabitzhour.

La frontière projetée coupe, en faveur de l'Arménie, à l'angle Nord-Ouest du district de Bortchalou, un emplacement rectangulaire du territoire mesurant approximativement environ 600 kilomètres carrés, parce que sur cet emplacement il y a trois communes rurales comptant une population de 18.000 habitants, dont 10.000 Arméniens et 8.000 Grecs ; comme les Grecs sont fixés sur la partie périphérique de cet emplacement on peut bien, s'ils le désirent, passer la région qu'ils habitent à la Géorgie, voisine limitrophe. De par ces conditions topographiques et économiques, cet emplacement (Tzalka) n'est que la continuation naturelle du plateau d'Akhalkalak.

Dans la partie restante des districts de Bortchalou et de Kazakh, la frontière est tracée conformément au principe ethnographique avec inclusion de quelques milliers de musulmans (5.000) dans la partie occidentale du district de Bortchalou (rectangle limité : à l'Ouest de la ligne 8.891 — le mont Akh-Tchaïa ; au Sud, le mont Akh-Tchaïa — 5.035, à l'Est de la chaussée Tiflis-Vorontsovka et au Nord la rivière Sarf-Dara, et cela, parce que ce territoire, par sa topographie et ses conditions économiques, n'est que la continuation naturelle de la lande de Lori.

Il faut noter que la population arménienne prédominante s'étend dans la direction du Nord à partir du district de Bortchalou jusqu'à Tiflis même (Trapèze ; les villages de Bolitchi, Daghet-Katchin, la ville de Tiflis, les vil. Kodi, Koushro) et à Tiflis même la population arménienne a une supériorité relative.

Dans les limites du Gouvernement d'Elisavetpol, la frontière projetée divise très distinctement la population montagnarde des musulmans habitant la vallée, de telle manière que la frontière ethnographique coïncide avec la frontière topographique.

Une population musulmane peu nombreuse de la partie haute des montagnes représente le reste de la population de la vallée qui se déplace pour l'élevage pendant l'été. Ce mode d'élevage tend à disparaître comme cela est arrivé dans les autres pays.

Le tracé de la frontière dans les districts d'Elisavetpol, de Djévanchir, de Choucha et Karaguine, est conforme aux principes ethnographiques, étant donné que cette frontière correspond avec la limite topographique du Karabagh montagneux. Quant aux deux communes rurales musulmanes de Calaplou et Kadjer, celles-ci, quoique très avancées dans la partie montagneuse de Karabagh, sont exclues du territoire arménien. Il y a dans le Karabagh montagneux 148.000 arméniens et 47.000 musulmans, dont 15.000 Kurdes qui habitent à l'extrémité occidentale du district de Djévanchir.

La partie du Karabagh, d'une superficie de 450 kilomètres carrés, prise sur le district de Karaguine, et que nous avons réunie au territoire de l'Arménie, compte une population exclusivement arménienne de 22.000 habitants.

Les musulmans, dans le district de Zanguezour, sont fixés de préférence dans sa partie Sud-Est où leur nombre s'élève jusqu'à 70.000 habitants.

C'est pour cette raison que nous excluons cette partie du Zanguezour du territoire de la République Arménienne. Quant au reste du district, il est habité par une population dont les deux-tiers sont Arméniens.

La ligne séparant ainsi le Zanguezour va rencontrer la frontière persane.

Le Karabagh montagneux arménien a toujours servi de muraille à l'Arménie, la protégeant ainsi de l'invasion des ennemis. Il a joué le même rôle au printemps de 1918, au moment de la dernière avance des Turcs au Caucase, sous le commandement de Noury Pacha, qui ne purent arriver jusqu'au Karabagh.

Etant donné la continuation du haut-plateau arménien, le Karabagh constitue la frontière stratégique naturelle de ce plateau. Exclure de l'Arménie cette région où la population arménienne prédomine, serait la priver de ce qui lui revient historiquement et créer une situation qui ouvrirait aux invasions ennemies ses frontières du Nord-Est.

TABLEAUX

STATISTIQUES

Annexe I

LA TRANSCAUCASIE SANS LA PROVINCE DE DAGHESTAN ET LE GOUVERNEMENT DE LA MER NOIRE [1]

DÉNOMINATION DES GOUVERNEMENTS PROVINCES ET DISTRICTS	Superf. du terr. en kil. carrés	POPULATION			
		ARMÉNIENS	MUSULMANS	GÉORGIENS	DIVERS
Gouvernement de Tiflis	38.289	411.747	116.562	642.636	302.363
Gouvernement de Koutaïs	19.776	4.605	281	993.412	36.113
Gouvernement d'Elisavetpol (Gandzaki)	41.529	418.859	797.593	1.030	57.649
Gouvernement de Bakou	36.572	120.087	934.616	9.004	217.798
Gouvernement d'Erivan	24.748	669.871	410.149	374	34.104
Province de Kars	17.569	123.170	158.804	4.231	118.100
Province de Batoum	6.540	15.182	16.079	78.839	12.721
District de Soukoum..............	6.179	20.743	2.799	50.383	135.746
District de Zakatah	3.737	2.530	85.336	4.664	368
	194.939	1.786.794	2.522.219 [2]	1.784.573 [3]	914.962 [4]

formant un total de 7.005.348

(1) D'après l'Agenda Officiel de 1915 et 1917.

(2) 2.303.000 Tartares de l'Azerbeidjan, Turcs, Karapapakhes, Turkmens, Persans, Tates, Taliches ; 117.000 montagnards du Caucase du Nord ; 102.000 Kurdes.

(3) Dont 139.000 Géorgiens musulmans.

(4) Dont 452.000 Russes, 50.000 Occidentaux, 47.000 Montagnards du Caucase du Nord — Chrétiens, 202.000 Asiatiques Chrétiens, 57.000 Iésidis, 40.000 Tziganes, 66.000 Israélites.

Annexe II

TABLEAU STATISTIQUE DES POPULATIONS DE LA RÉPUBLIQUE ARMÉNIENNE

DÉNOMINATION DES DISTRICTS	Superf. du terr. en kil. carrés	POPULATION					
		ARMÉNIENS	Tatares Turcs Tartares Karapapakhs Persans Montagnards du Caucase du Nord	KURDES	GÉORGIENS	GRECS RUSSES NESTORIENS	DIVERS
Province de Kars, en exceptant la région située au Nord d'Ardahan	15.000	122.056	73.321	44.867	4.095	49.292	Yézides 36.465 Tziganes 23.504
Akhalkalak	2.550	82.775	8.308	904	7.428	7.759	
Bortchalou (une partie)	5.200	64.000	9.600		1.15	20.500	
Kazakh (une partie)	3.400	61.000	9.000			1.929	
Elisavetpol (une partie)	4.000	52.000	16.500			8.200	
Djevanchir (une partie)	3.700	22.000	17.000				
Choucha (une partie)	2.300	98.000	30.000				
Kariaguine (une partie)	450	22.000					
Zanguezour (une partie)	6.000	100.000	50.000				
Gouvernement d'Erivan	24.750	669.871	373.844	36.508		21.854	Yézides 12.624
	67.350	1.293.702 ou 1.294.000	587.570 ou 588.000	82.279 ou 82.000	12.673 ou 13.000	109.534 ou 110.000	72.593 ou 73.000
		60 %	27.2 %	3.8 %	0.6 %	5 %	3.4 %

Annexe III

DISTRICT D'AKHALKALAK

SUPERFICIE du TERRITOIRE en kilom. carrés	POPULATION			
	ARMÉNIENS	GÉORGIENS	MUSULMANS	DIVERS
2.568	82.775	10.305 (1)	6.335 (2)	Russes 7.542
		Sans Géorgiens musulmans : 7.428	Avec Géorgiens musulmans : 9.212	Diverses nations européennes, 43
				Israélites 204

(1) Dont 2.877 Géorgiens musulmans.
(2) Dont 904 Kurdes.

Observations générales

Etant donné que l' « Annuaire du Caucase » dans le tableau intitulé « Superficie et Population du Caucase » fournit des statistiques pour les divers districts dans leur entier et que certains de ces districts ne sont qu'en partie compris dans les limites de la République Arménienne, il a fallu, dans les Annexes IV à VII prendre séparément chaque village avec ses différentes populations afin d'obtenir les chiffres exacts des habitants de diverses nationalités qui vivent sur les parties des districts revendiquées par la République Arménienne.

∴

Les noms des villages ont été pris dans les listes des communes rurales de l'Agenda Officiel du Caucase (Année 1917).

Les chiffres des populations de chaque village et leurs nationalités ont été pris dans l'Agenda Officiel de l'année 1915, cette édition étant la seule fournissant exactement ces indications pour chaque village séparément.

Pour les villages, au sujet desquels les renseignements ne se trouvent pas dans l'Agenda Officiel de 1915, les informations ont été prises des listes du Ministère de l'Intérieur dressées en 1886, rédigées par Zeidlitz et publiées à Tiflis en 1893.

Tous les documents ci-dessus mentionnés peuvent être produits sur demande.

Certains des villages mentionnés peuvent ne pas être trouvés sur une carte de petite échelle.

∴

Dans la partie montagneuse du Gouvernement d'Elisavetpol, les Arméniens, qui sont une race d'agriculteurs depuis les temps les plus reculés, se sont seuls fixés, et leur nombre peut être facilement recensé. Les chiffres de la population musulmane (Tartares, kurdes, etc.) sont essentiellement variables, grâce au flux et au reflux des « mi-nomades » des plaines de l'Azerbeidjan qui se produit périodiquement.

D'après les renseignements officiels publiés par le Ministère de l'Agriculture russe, qui était lui-même propriétaire du tiers des pâturages du Karabagh montagneux, les populations de quatre cent cinquante-deux villages des plaines du Gouvernement d'Elisavetpol et du district de Djevad (Gouvernement de Bakou) se dirigeaient au printemps de chaque année, vers ces régions du Karabagh, pour en redescendre à l'automne et regagner au printemps suivant.

Annexe IV

—————

CHIFFRE DES POPULATIONS

DANS LA PARTIE ARMÉNIENNE DU DISTRICT DE BORTCHALOU

DÉNOMINATION DES VILLAGES, ARRONDISSEMENTS ET COMMUNES ET PAYS	NOMBRE D'HABITANTS			OBSERVATIONS
	ARMÉNIENS	MUSULMANS	DIVERS	
Une partie du District BORTCHALOU				
ARRONDISSEMENT D'ALAVERDI				
Commune rurale d'Alaverdi.				
V. Alaverdi			1.235	
V. Akhtala H.				
V. Akhtala B.			43	
V. Baralik			87	
V. Chamloukh			308	
Total			1.673*	
ARRONDISSEMENT DE BORTCHA-LOU.				
Commune rurale de Katchagane**.				
V. Batala	550			
V. Djaïr-Ahmedlo		35		
Total	550	35		
Commune rurale de Kerpli**.				
V. Lambalo		493		
Total		493		
Commune rurale de Kiribli**.				
V. Inir				
Total				
Commune rurale d'Opreti.				
V. Alakape	606			
V. Darbaz A.	205			
V. Apreti			1.117*	
V. Hobna B.	224			
V. Tzeraki H.			183***	
V. Tzeraki B.			175***	
Total	1.035		1.475	

DÉNOMINATION DES DISTRICTS, ARRONDISSEMENTS ET COMMUNES RURALES	NOMBRE D'HABITANTS			OBSERVATIONS
	ARMÉNIENS	MUSULMANS	DIVERS	
Commune rurale de Sadahlo.				* Une partie seulement de la commune doit être comprise dans l'Arménie. Les villages non situés dans cette partie et n'entrant pas dans les limites de l'Arménie ne figurent pas dans la liste.
V. Aïroum		381		
V. Mamay		79		** Géorgiens.
V. Sadaklo		2.009		
V. Hojorni		151		
Total		2.620		
Commune rurale de Saral'.				
V. Araplo		393		
V. Achaga-Seral		470		
V. Damia-Gueourarch		203		
V. Saral II		268		
V. Seïd-Kadjalo		72		
Total		1.406		
Commune rurale de Tchotchkan.				
V. Bradsor	104			
V. Coulibah	95			
V. Damia A.	547			
V. Litchkadsor	533			
V. Hojorni	884			
V. Tchanahtchi	154			
V. Tchotchkan	848			
Total	3.165			
Commune rurale de Chinih.				
V. Artchis	1.199			
V. Chinih	2.584			
Total	3.783			
Commune rurale de Choulaveri.				
V. Koudro				
V. Sion			288**	
V. Choulaveri H.	7.683			
V. Choulaveri B.	287			
Total	7.970		288	

DÉNOMINATION des districts, arrondissements et communes rurales	NOMBRE D'HABITANTS			OBSERVATIONS
	Arméniens	Musulmans	Divers	
ARRONDISSEMENT D'EKATERIN.				* Une partie seulement de la commune doit être comprise dans l'Arménie. Les villages non situés dans cette partie et n'entrant pas dans les limites de l'Arménie ne figurent pas dans la liste.
Commune rurale de Kvechi*.				** Géorgiens.
V. Bolnis-Hatchin	995			*** Russes.
V. Samtzevrisi			23**	
Total	995		23	
ARRONDISSEMENT DE LORI.				
Commune rurale d'Aidarbec.				
V. Aidarbag	1.183			
V. Akarak	899			
V. Ledjan	970			
V. Lori	334			
V. Ourout	1.059			
Total	4.445			
Commune rurale d'Ahpat.				
V. Akori	1.118			
V. Ahpat				
V. Varnak	501			
V. Sanaïn	596			
Total	2.215			
Commune rurale de Vorontzovka.				
V. Vorontzovka			3.510	
Total			3.510***	
Commune rurale de Guergueri Russe.				
V. Gergueri R.			810***	
Total			810	
Commune rurale de Gulakarak.				
V. Vartablour	1.380			
V. Guergueri Arménien	1.951			
V. Gulakarak	1.720			
V. Ouariz	612			
Total	5.663			

DÉNOMINATION DES DISTRICTS, ARRONDISSEMENTS ET COMMUNES RURALES	NOMBRE D'HABITANTS			OBSERVATIONS
	Arméniens	Musulmans	Divers	
Commune rurale de Djelal-Ogli.				* Russes.
				** Grecs.
V. Armanis	241			
V. Djelal-Ogli Arménien	2.597			
Total	2.738			
Commune rurale du Djelal-Ogli Russe.				
V. Djelal-Ogli Russe			812	
V. Novo-Aleksandrovka			343	
Total			1.155*	
Commune rurale de Dissih.				
V. Dissih	2.152			
V. Martz				
V. Seïdi-Bagdi				
V. Hatchigueh	757			
Total	2.909			
Commune rurale d'Ilmasli.				
V. Djoudjakend		468		
V. Ilmaslo		188		
V. Irgantchaï		739		
V. Karakala		205		
V. Soynh-Boulagh		125		
V. Tasakend		371		
Total		2.096		
Commune rurale de Kogos-Jacdan.				
V. Kogos			1.060	
V. Jagdan			783	
Total			1.843**	
Commune rurale de Kourtan.				
V. Ketevan	20			
V. Kourtan	1.730			
Total	1.750			

DÉNOMINATION DES DISTRICTS, ARRONDISSEMENTS ET COMMUNES RURALES	NOMBRE D'HABITANTS			OBSERVATIONS
	Arméniens	Musulmans	Divers	
Commune rurale de Lorout.				* Russes.
V. Alan	297			
V. Almizor	249			
V. Karindjouk	830			
V. Loroua	886			
V. Chamit	316			
Total	2.578			
Commune rurale de Mgart.				
V. Katchagan	550			
V. Mgart	490			
V. Ovanlara	465			
V. Tzater	556			
Total	2.061			
Commune rurale de Nikolaevka.				
V. Nikolaevka			722	
Total			722*	
Commune rurale de Novo-Pokrovka.				
V. Novo-Pokrovka			738	
Total			738*	
Commune rurale de Privolnoe.				
V. Privolnoe			2.275	
Total			2.275*	
Commune rurale de Sartchaper.				
V. Kamichlo		270		
V. Karaklis P.	226			
V. Kisil-Kilissa		243		
V. Lok-Djandar		135		
V. Sartchaper	988			
Total	1.211	648		
Commune rurale d'Ouzounliar.				
V. Agvi	455			
V. Amodji	161			
V. Ardvi	156			
V. Ikogai	809			
V. Ouzounliar	3.858			
Total	5.441			

DÉNOMINATION DES DISTRICTS, ARRONDISSEMENTS ET COMMUNES RURALES	NOMBRE D'HABITANTS			OBSERVATIONS
	Arméniens	Musulmans	Divers	
Commune rurale de Chagali.				* Une partie seulement de la commune doit être comprise dans l'Arménie. Les villages non situés dans cette partie et n'entrant pas dans les limites de l'Arménie ne figurent pas dans la liste. ** Gros.
V. Darakend		15		
V. Kalageran	470			
V. Kamichkout	689			
V. Chagali	1.173			
Total	2.323	15		
Commune rurale de Chahnasar.				
V. Kotour-Boulagh	1.111			
V. Chahnasar	2.968			
Total	4.079			
ARRONDISSEMENT DE TRIALETI.				
Commune rurale d'Avranli*.				
V. Avranlo			1.406	
V. Djinis Grec			740	
V. Koumbat			1.110	
V. Oliang			790	
V. Reha			1.212	
V. Tarson			220	
V. Hando			300	
Total			5.778**	
Commune rurale d'Amamlo.				
V. Amamlo		417		
V. Angrevan		117		
V. Besavelo		311		
V. Bogas-Kosan		55		
V. Demourtchilar		105		
V. Djariar			268	
V. Kadir-Kouli		153		
V. Kachkalala			272	
V. Mamoutlo		106		
V. Mamichlo				
V. Molla-Euhlo		127		
V. Mouganlo		126		
V. Orsouman H.		280		
V. Orsouman B.		175		
V. Sariar		97		
V. Saiatlo				
V. Sapharlo		262		
V. Stekliani-Saval				
Total		2.331	540**	

DÉNOMINATION des sous-districts, arrondissements ou communes et communes rurales	NOMBRE D'HABITANTS			OBSERVATIONS
	Arméniens	Musulmans	Divers	
Commune rurale d'Achkala.				* Une partie seulement de la commune doit être comprise dans l'Arménie. Les villages non situés dans cette partie et n'entrant pas dans les limites de l'Arménie ne figurent pas dans la liste.
V. Achkala	1.885			** D'après l'Agenda Officiel de 1917, dans ce pays habitent 64.000 Arméniens.
V. Darakev	897			*** Géorgiens.
V. Djinis Arménien	320			****
V. Kobour	532			10.951 Grecs.
V. Tamala-Haraba	167			9.132 Russes.
V. Tachkend				1.152 Géorgiens.
V. Hatchkov	768			
Total	4.569			
Commune rurale de Bachkitchet*.				
V. Karaklis Russe			222	
Total			222	
Commune rurale de Doumanissi*.				
V. Midja			483	
Total			483***	
Commune rurale de Nardevan.				
V. Ajazan	536			
V. Bourgachet	466			
V. Kisil Kilissa Arménien	1.130			
V. Kontch'i Arménien	645			
V. Nardevan	1.102			
V. Osni	709			
Total	4.588			
Dans toute la partie du district**	64.071	9.614	21.535****	

Annexe V

CHIFFRE DES POPULATIONS
DANS LA PARTIE ARMÉNIENNE DU DISTRICT DE KAZAKH

DÉNOMINATION des districts, arrondissements et communes rurales	NOMBRE D'HABITANTS			OBSERVATIONS
	Arméniens	Musulmans	Divers	
Une partie du District de KAZAKH.				
1ᵉ ARRONDISSEMENT				
Commune rurale de Tatlikhend.				
V. Alioun	254			
V. Tatlikhend	396			
Total	650			
2ᵉ ARRONDISSEMENT				
Commune rurale d'Akssibary.				
V. Akssibara vieux		320		
V. Akssibara		1.057		
V. Baganiz-Ajroun		144		
V. Kisil-Gadjali		402		
V. Kaachtchi-Airoun		462		
V. Masouli		245		
V. Faolhi		182		
V. Hoiroumli		78		
Total		2.890		
Commune rurale de Barana.				
V. Balakhend	355			
V. Barana	3.123			
V. Kalatcha	2.639			
V. Koalp	3.196			
Total	9.313			
Commune rurale de Kotkend.				
V. Aksibara Atm	725			
V. Boganiz	618			
V. Djoudjerank	144			
V. Kotkend (kachkend	2.882			
V. Kachkotan	1.801			
V. Kourounsouloa	587			
Total	6.757			
3ᵉ ARRONDISSEMENT				
Commune rurale de Karadach.				
V. Karadach	3.700			
V. Agdam Agdam	336			
V. Atchassou	2.810			

DÉNOMINATION des districts, arrondissements et des communes rurales	NOMBRE D'HABITANTS			OBSERVATIONS
	Arméniens	Musulmans	Divers	
V. Klitchkend	1.001			* Géorgiens
V. Koumaine	358			** Russes
V. Milikend	529			
V. Pipis	333			
Total	9.067			
Commune rurale de Karavansaraï.				
V. Agdan (Agdam	2.060			
V. Armoutli			191*	
V. Ahkichli	158			
V. Karavansaraï	4.135			
V. Karanlouhtara	214			
V. Kirdevan	633			
V. Talakend	725			
V. Hachtarak	1.420			
Total	9.345		191*	
Commune rurale de Karakojunlou.				
V. Alatchouhkaja		116		
V. Guelkend		1.866		
V. Gueortchine		93		
V. Karakaja		265		
V. Maralidja		70		
V. Palad-Aïroun				
V. Salach		64		
V. Tchaikend		677		
Total		3.151		
Commune rurale de Mihaïlovka.				
V. Mihaïlovka			366**	
V. Tchembarak H.	1.210			
V. Tchembarak B.	1.334			
Total	2.544		360**	
Commune rurale de Delijan-Nouveau.				
V. Delijan N.			710**	
V. Golovino			668**	
Total			1.378**	

DÉNOMINATION des districts, arrondissements et communes rurales	NOMBRE D'HABITANTS			OBSERVATIONS
	ARMÉNIENS	MUSULMANS	DIVERS	
Commune rurale de Delijan-Vieux.				*Suivant les renseignements de l'Agenda Officiel de 1917 dans ce rayon, il y avait 61.000 Arméniens.
V. Delijan V.	3.136			
V. Djarchetch	1.561			
V. Kochevank	206			
V. Pogoskilissa	1795			
Total	6.698			
Commune rurale d'Ouzountala.				
V. Barhoudarli		122		
V. Lalakend	695			
V. Bevasli	638			
V. Sephouli		128		
V. Ouzountala	3.662			
Total	4.998	250		
4ᵉ ARRONDISSEMENT				
Commune rurale de Koulali.				
V. Karakaya	1.233			
V. Koulali	1.036			
V. Mosseskend	983			
V. Tasakend	259			
V. Tchinarli	554			
V. Tchoratan	158			
Total	4.223			
Commune rurale de Taouskala.				
V. Kisilboulagh H.		496		
V. Kisilbozdagh B.		361		
V. Novour				
V. Taouskala		942		
V. Taouskend		810		
Total		2.609		
Dans toute la partie du district	53.595 *	8.900	1.929	

Annexe VI

—

CHIFFRE DES POPULATIONS
DANS LA PARTIE ARMÉNIENNE DU DISTRICT D'ELISAVETPOL
(GANDZAK)

DÉSIGNATION des arrondissements ... communales	ARMÉNIENS	MUSULMANS	DIVERS	OBSERVATIONS
Une partie du District d'ELISAVET-POL Gandzak.				* Une partie seulement de ce ... doit être comprise dans l'Arménie. Les villages non situés dans cette partie et n'entrant pas ... les limites de l'Arménie ne figurent pas ... cette liste.
2 ARRONDISSEMENT				
Commune rurale de Bayan *.				
V. Bayan	2.390			
V. Tchowdar	1.227			
Total	3.617			
Commune rurale de Damjali.				
V. Amian..		1.137		
V. Gum ...-Dali		513		
V. Sagarlarassi				
V. Kabah Tava		510		
V. Tasakar..i		200		
Total		2.360		
Commune rurale de Dastaphour.				
V. Adji-Akper..				
V. Asil.		142		
V. Mihantcheli		215		
V. Almali		35		
V. Mhas....				
V. Gamaza-Tchai		215		
V. Dar.lara		227		
V. Djadik		75		
V. Dastaphour		157		
V. Elgouldar		243		
V. Sivlar				
V. Sosazali		655		
V. Karazovar		252		
V. Kursi-chhar				
V. Kahar-Eltchiar				
V. Kelaratch				
V. Kelh.		95		
V. Kihli		352		
V. Koura-Taguilar				
V. Koandakhar		200		
V. Moarisaleh		362		
V. Pirverdiar		236		
V. Sari-Kaya		32		
V. Togalar				
V. Tomlalar		207		
V. Tchar......		405		

DÉNOMINATION DES DISTRICTS, ARRONDISSEMENTS ET COMMUNES RURALES	NOMBRE D'HABITANTS			OBSERVATIONS
	ARMÉNIENS	MUSULMANS	DIVERS	
V. Tchirakli		263		* Russes.
V. Chakarbekli		355		
V. Chahvalatli		396		
Total		5.419		
Commune rurale de Saclik.				
V. Dachkessan H.	661			
V. Dachkessan B.	340			
V. Saglik	5.838			
V. Kouchtchi	661			
V. Seidkaind	665			
V. Kovalevka				
Total	8.165			
Commune rurale de Sournabad.				
V. Sournabad	1.215			
V. Karakichich	412			
V. Mirsik	623			
V. Molladjah		200		
V. Mourout	340			
V. Topal-Gassanli		430		
Total	2.590	630		
Commune rurale de Mihaylova.				
V. Ablakh	371			
V. Adjikend	440			
V. Asat	690			
V. Gei Alilar		50		
V. Mihaylovka			345*	
V. Tchaikend	5.080			
Total	6.551	50	345*	
3° ARRONDISSEMENT				
Commune rurale d'Agdjikend.				
V. Agdjikend H.	1.165			
V. Agdjikend B.		146		
V. Babou-Kaya	502			
V. Borissi		110		
V. Gahtout	384			
V. Caloustan				

DÉNOMINATION des cercles, arrondissements et communes rurales	NOMBRE D'HABITANTS			OBSERVATIONS
	Arméniens	Musulmans	Divers	
V. Enguikend	428			Busses.
V. Karatchinar	935			
V. Harbapout	204			
Total	3.618	256		
Commune rurale de Borissi.				
V. Borissi			1.216	
V. Tap				
Total			1.216	
Commune rurale d'Erketch.				
V. Bouslouh	295			
V. Cursalar				
V. Karaboulakh	685			
V. Kouchtchi-Aïroum	661			
V. Manachid	648			
V. Sarisson		250		
V. Toslan		250		
V. Erketch	920			
Total	3.209	500		
4ᵉ ARRONDISSEMENT				
Commune rurale de Badakend.				
V. Kedabek	2.111			
Total	2.111			
5ᵉ ARRONDISSEMENT				
Commune rurale de Kedabek				
V. Arichdam		513		
V. Gouroulh		589		
V. Kasakhli		200		
V. Kedabek				
V. Sojulli		39		
Total		1.341		
Commune rurale de Karamourad.				
V. Ali-Nabeu		268		
V. Arigran		230		
V. Bejuk-Karamourad		393		
V. Guergner		378		
V. Dasmirmandaz		205		
V. Dar-Jari		188		

DÉNOMINATION des districts, arrondissements et communes rurales	NOMBRE D'HABITANTS			OBSERVATIONS
	Arméniens	Musulmans	Divers	
V. Spak-Bogan				* Russes.
V. Kitchik-Karamonrad		447		** D'après l'Agenda Officiel
V. Lachker		308		de 1915, 52.000 Arméniens
V. Parsakend				habitent dans ce rayon.
V. Tikeach		239		
V. Chakerbekli				
V. Emir				
V. Jagoubh				
Total		2.656		
Commune rurale de Miskinli.				
V. Aikend		410		
V. Daja-Karaboulagh		840		
V. Karaboulagh		923		
V. Miskinli		63		
V. Mousajal		585		
V. Sabatketchmaz		280		
V. Tchaldach		193		
V. Tchambouroum				
Total		3.294		
Commune rurale de Novo-Saratovka.				
V. Novo-Ivanovka			1.697	
V. Novo-Saratovka			2.026	
Total			3.723*	
Commune rurale de Slavianka.				
V. Alekseevka			421	
V. Golitzino			576	
V. Novo-Gorelovka			743	
V. Novo-Spassavka			598	
V. Rosalionovka			565	
Total			2.903*	
Commune rurale de Tchardakhli.				
V. Barssoun	2.000			
V. Baroum	1.500			
V. Djaguir	1.600			
V. Nouzguer	1.000			
V. Tchardakhli	2.400			
Total	8.500			
Dans toute la partie du district	38.361**	16.506	8.187	

En réalité, suivant les mêmes données de l'Agenda officiel du Caucase de 1915, dans ce rayon, vivent 45.874 Arméniens. On en compte dans tout le district 59.980, dont 14.106 se trouvent hors des limites projetées : 59.980 — 14.106 = 45.874.

Beaucoup de villages arméniens de ce même rayon ne figurent pas dans les listes des villages de l'Agenda Officiel.

Annexe VII

—

CHIFFRE DES POPULATIONS DANS LE KARABACH ARMÉNIEN ET DANS LA PARTIE ARMÉNIENNE DE ZANGUEZOUR

DÉNOMINATION DES DISTRICTS, ARRONDISSEMENTS ET COMMUNES RURALES	NOMBRE D'HABITANTS			OBSERVATIONS
	Arméniens	Musulmans	Divers	
Une partie du district de DJEVANCHIR				(1) Une partie [illegible] de la commune [illegible] doit être comprise dans l'Arménie. Les villages [illegible] villes dans [illegible] partie et n'[illegible] pas dans [illegible] de l'Arménie [illegible] pas hors la juste.
1ᵉ ARRONDISSEMENT				
Commune rurale de Talichi.				
V. Madaguiz	227			
V. Tanachaine	259			
V. Talichi	1.452			
V. Tourouz	311			
Total	2.249			
3ᵉ ARRONDISSEMENT				
Commune rurale de Kassapaite.				
V. Ainguidja	382			
V. Kassapaite	942			
V. Kitchique-Karabègue	1.394			
V. Oratague	816			
V. Oulou-Karabègue	786			
V. Tchardachli	785			
V. Aguedara (Mardagair	2.155			
Total	7.260			
Commune rurale de Kabarta Boi Achmedli (.				
V. Baboukaya	275			
V. Gul Yatague	598			
V. Diane Yatague	771			
V. Kazantchi	351			
Total	1.995			
Commune rurale de Dovchanli.				
V. Ahmahi	208			
V. Bazarkainde	595			
V. Balli-Kaya		394		
V. Vankli	1.545			
V. Danigali	311			
V. Dorchanli	2.261			
V. Kelalak	575			
V. Narichlar	79			
Total	5.574	394		

DÉNOMINATION des sociétés, arrondissements et congrès ruraux	NOMBRE D'HABITANTS			OBSERVATIONS
	Arméniens	Musulmans	Russes	
Commune rurale de Gassanerise.				(¹) D'après les données du calendrier de 1917, dans ce rayon habitent 22.000 Arméniens et 17.000 Musulmans. De ces 17.000, 4.000 seulement sont à demeure fixe. Les autres 13.000 sont des nomades qui viennent au printemps, des plaines des gouvernements d'Elisavetpol et de Bakou.
V. Gassanerise	693			
V. Ymarade-Gueravinde		213		
V. Karamli		216		
V. Kisilkaya	330			
V. Kosli	351			
V. Oumouth		346		
V. Ouchadjik	292			
V. Yadja	353			
Total	2.019	775		
Commune rurale de Kotourli.				
V. Bachtibel		457		
V. Asrik-Aguedjakimi		234		
V. Sulphougarli		315		
V. Kotourli		1.245		
V. Ouloukan-Karatchauli		220		
V. Haolanli		234		
Total		2.705		
Dans toute la partie du district. Total..	19.097	3.874	(1)	

DÉNOMINATION DES DISTRICTS, ARRONDISSEMENTS ET COMMUNES RURALES	NOMBRE D'HABITANTS			OBSERVATIONS
	Arméniens	Musulmans	Divers	
Une partie du district de CHOUCHA.				
1ᵉʳ ARRONDISSEMENT				
Commune rurale de Kichlakaind.				
V. Badara	1.007			
V. Dachboulague	1.102			
V. Karakelougue	56			
V. Kayabachi	906			
V. Kichlakaind	902			
V. Mechikaind	479			
V. Sarikechich				
V. Seidbekli	468			
V. Sounjainka			224	
V. Hinziristane	988			
V. Chalva	499			
Total	5.607		224	
Commune rurale de Malibekli.				
V. Sarissiou		4.050		
Total		4.050		
Commune rurale de Pirdjamal.				
V. Aguehoulague	320			
V. Arapzamine	537			
V. Dagraz	338			
V. Kiatouk	468			
V. Nachitchevanik	703			
V. Pirdjamal	734			
Total	3.100			
Commune rurale de Hankaïndi.				
V. Baloudga	881			
V. Djamilou	72			
V. Kaïbalikand		780		
V. Kirkidjane		720		
V. Pachloul	235			
V. Hamazacl.	670			
V. Hankaïndi		1.550		
Total	1.858	3.050		

DÉNOMINATION des villages, arrondissements et communes rurales	NOMBRE D'HABITANTS			OBSERVATIONS
	ARMÉNIENS	MUSULMANS	CIVILS	
Commune rurale de Tchinakhtchi.				* Suivant les listes de l'année 1886.
V. Sarouchaine	940			
V. Signakh	674			
V. Siznik	1.021*			
V. Hatchmaz	560			
V. Tchinakhtchi	1.743			
V. Madatkaind	244			
V. Konchtchibaba	251			
V. Karaboulak	581			
V. Demourtchilar	331			
Total	6.343			
Commune rurale de Chouchikaind.				
V. Chouchikaind	2.626			
V. Mhitarkaind				
V. Kechuchkaind	1.480			
V. Dachkaind	255			
V. Dachalti-Hazaburt	1.466			
V. Dachalti-Guinet	115			
V. Dagdazane	543			
V. Garave	419*			
Total	6.904			
2ᵉ ARRONDISSEMENT				
Commune rurale d'Ainguikaind.				
V. Aguekaind	553			
V. Gulzi	644			
V. Guechane	1.508			
V. Emitcha	518			
V. Ainguikaind	1.304			
V. Karakaind	1.468			
Total	5.989			
Commune rurale de Kagarsine.				
V. Diamat	1.767*			
V. Kagarza	983			
V. Karadaghan-Varmadalou				
V. Takir	558	234		
Total	3.308	234		

DÉNOMINATION DES DISTRICTS, ARRONDISSEMENTS ET COMMUNES RURALES	NOMBRE D'HABITANTS			OBSERVATIONS
	Arméniens	Musulmans	Divers	
Commune rurale de Sousse.				* Suivant les listes de l'armée 1886.
V. Akhboulague	320			
V. Bilbilak	126			
V. Guerguer	675			
V. Savadich	529			
V. Mavasse	245			
V. Sousse	866			
V. Souchtarachaine	816			
V. Hirchane	527			
Total	4.104			
Commune rurale de Tague.	3.500			
Commune rurale de Tchertaz.				
V. Isphagandjouk	980			
V. Gechi	1.420			
V. Gunei-Tcherkaz	2.350			
Total	4.750			
Commune rurale de Tagavert.				
V. Trachtik	310			
V. Tagavert	1.171			
V. Azoch	1.490			
V. Avchari	280			
V. Zardanachaine	630			
V. Djigadouze	560			
Total	4.441			
Commune rurale de Tougue.				
V. Tougue		1.468		
V. Tzakouri	244			
V. Tchiragouze	333			
V. Mamelazour	338			
V. Domi	930			
V. Goga	690			
V. Akakou	164			
V. Atagout (Ericha-Varchnachir)	440			
V. Soussalich	273			
Total	3.412	1.468		

DÉNOMINATION des villes, villages, bourgs et communes rurales	NOMBRE D'HABITANTS			OBSERVATIONS
	Arméniens	Musulmans	Divers	
3 ARRONDISSEMENT				* Suivant les listes de l'année 1886.
Commune rurale de Gulapli.				** Suivant les données du ... de février de 1917, 18.000 Arméniens vivent dans ce rayon.
V. Mirikaïnd	520			
V. Abdal		710		
V. Karadaglou		274		
V. Kassoumbekli		126		
V. Mouganlou-Moustaphabeka		159		
V. Polatli		66		
V. Chelli		337		
V. Chichbabalou		287		
Total	520	1.959		
Commune rurale de Hanabad.				
V. Hinziristan	759*			
V. Ainguidja	281*			
V. Dachbach	611*			
V. Kechichkend	728*			
V. Klitch-Bague	463*			
V. Pharouch	25*			
V. Hanabad	798*			
V. Haramourt	422*			
Total	4087			
Ville de Choucha	23.396	19.091		
Villages n'étant pas compris dans les listes des communes rurales :				
V. Kenkhout	1.363			
V. Gavakhan	705			
V. Kouzoumkend	1.146			
V. Gazev-Tcheretaz	1.390			
Total	4.604			
Dans toute la partie du district	86.923**	29.852		

DÉNOMINATION DES DISTRICTS, ARRONDISSEMENTS ET COMMUNES RURALES	NOMBRE D'HABITANTS			OBSERVATIONS
	Arméniens	Musulmans	Datis	
Une partie du district de KARIAGUINE Djebrail .				Suivant les renseignements de l'Agence Officiel de 1917 dans ce rayon il y avait 22.000 Arméniens.
1ᵉ ARRONDISSEMENT				
Commune rurale d'Edilon.				
V. Agueboulague	455			
V. Ahilou	270			
V. Bloutane	155			
V. Doudaktchi	270			
V. Kugoulou	175			
V. Hirmandjouk	358			
V. Edilou	641			
Total	2.324			
2ᵉ ARRONDISSEMENT				
Commune rurale de Gadrout.				
V. Vank	622			
V. Gadrout	1.982			
V. Kemrakoutch	681			
V. Kotchbek	425			
V. Koutchilar	178			
V. Melikdjanlou	432			
V. Norachen	403			
V. Sour	1.018			
V. Taani	114			
V. Taank				
V. Tagassir	1.116			
V. Chagah	893			
V. Edicha	489			
Total	8.353			
3ᵉ ARRONDISSEMENT				
Commune rurale d'Arakul.				
V. Aguedjakaind	531			
V. Arakul	1.169			
V. Banazour	1.835			
V. Biniatli	350			
V. Dachbachi	319			
V. Djilan	681			
V. Samzour	1.082			
V. Mulkadara				
V. Dolanlar				
V. Tague	461			
V. Hazaourt	521			
Total	6.949			
Dans toute la partie district	17.626			

DÉNOMINATION des districts, villes, messidjlis et communes rurales	NOMBRE D'HABITANTS			OBSERVATIONS
	Arméniens	Musulmans	Divers	
Une partie du district de ZANGUEZOUR				
VILLE DE GUEROUSSI	1.699	214		
1ᵉ ARRONDISSEMENT				
Commune rurale d'Anguelaout.				
V. Anguelaout	3.420			
V. Ariklou		214		
V. Balak	754			
V. Karaklissa	619			
V. Kisildjik		444		
V. Mazra		143		
V. Meliklout		643		
V. Poulkaind	282			
V. Chalat		514		
V. Cheki		1.584		
V. Choukiar	1.718			
Total	6.793	3.541		
Commune rurale de Bazartchai.				
V. Bazartchai			878	
V. Barissovka			229	
V. Koutchi-beliak	343			
Total	343		1.107	
Commune rurale de Vagoudi.				
V. Agoudi		1.070		
V. Bagrilou		49		
V. Vagoudi	870			
V. Darabaz	1.128			
V. Darakaind		155		
V. Irinis		646		
V. Ketatag	508			
V. Lidzine	348			
V. Tor	487			
V. Rorte		409		
V. Chambe		440		
V. Chmatague	690			
Total	4.031	2.739		

DÉNOMINATION DES DISTRICTS, ARRONDISSEMENTS ET COMMUNES RURALES	NOMBRE D'HABITANTS			OBSERVATIONS
	ARMÉNIENS	MUSULMANS	DIVERS	
Commune rurale de Galizour.				
V. Galizour	1.010			
V. Eritzatoumb	210			
V. Kurtlar	130			
V. Souvarantz	385			
V. Tansatap	322			
V. Tativ	2.414			
V. Hotanan	244			
V. Hot	1.240			
V. Chinger	1.215			
V. Yadja	785			
Total	7.955			
Commune rurale de Karakilissa.				
V. Alilou	887			
V. Karakilissa	2.466			
V. Koutchi-Tasakaind	642			
V. Pirnaout	3.577			
V. Ouz	1.842			
Total	9.114			
Commune rurale de Sissiane.				
V. Aguekaind	560			
V. Alichar		214		
V. Aravssa		300		
V. Ahlatian	1.480			
V. Gortikaz	770			
V. Dasstagirt		400		
V. Djomartlou		80		
V. Doulousse	1.595			
V. Sabasadour		120		
V. Mourhouze		190		
V. Pounounisse	720			
V. Poussiak		310		
V. Sissian		1.300		
V. Chichliar		585		
Total	5.125	3.499		
2ᵉ ARRONDISSEMENT				
Commune rurale de Guerussi.				
V. Guerou	510			
V. Gueroussi	1.699			
V. Dachkaind	756			
V. Karaoundy	1.057			
V. Magandjouk	255			
Total	4.277			

DÉNOMINATION des Districts, Arrondissements et Communes Rurales	NOMBRE D'HABITANTS			OBSERVATIONS
	Chrétiens	Musulmans	Divers	
Commune rurale d'Hinzirak.				
V. Alikonlikainel	500			
V. Hinsirak	8.335			
Total	8.835			
Commune rurale de Dig.				
V. Dig	3.902			
Total	3.902			
Commune rurale de Gadji-Samli.				
V. Agdjazi		55		
V. Asi-Pajassi		38		
V. Alakaya-Karatchanlou		255		
V. Alaktchi		165		
V. Alpaout		235		
V. Ariklou		214		
V. Boudag-Darassi		307		
V. Gadamlier		95		
V. Govchouk		320		
V. Dachlou		325		
V. Sorkechich		307		
V. Karabeklou		53		
V. Kaja		179		
V. Koumbazlou-Karatchanlou		357		
V. Kourabazlou		290		
V. Kouredjaboulag		59		
V. Kourt-Gadji		289		
V. Lalabaguirlou		340		
V. Mounedjouglou		47		
V. Namlou		110		
V. Narichlar		95		
V. Nouradin		145		
V. Pitchanis		185		
V. Rassoulou		120		
V. Soul		100		
V. Oupap		280		
V. Tehramra		151		
V. Chalva		616		
Total		6.032		
Commune rurale de Hanazak.				
V. Aravous	160			
V. Balak	754			
V. Bapandour		409		
V. Binaeri		166		
V. Djagazour 1		481		

DENOMINATION DES DISTRICTS, ARRONDISSEMENTS ET COMMUNES RURALES	NOMBRE D'HABITANTS			OBSERVATIONS
	ARMÉNIENS	MUSULMANS	DIVERS	
V. Djagazour 2		299		
V. Douslach		99		
V. Sabong		80		
V. Sousse		135		
V. Karaine		585		
V. Kessalar		55		
V. Kichlag		60		
V. Malibeklou		782		
V. Mamedlar		125		
V. Markis		70		
V. Mouradlou		188		
V. Nabi-Ouchagi		59		
V. Novrouslou		125		
V. Soultankaind		104		
V. Sonmouklou		317		
V. Taf-dara		136		
V. Hanazak	2.125			
V. Hananlou	72			
V. Hoznavar	755			
V. Tchaikaind	70			
Total	3.936	4.275		

Commune rurale de Djidjimlou.

DENOMINATION DES DISTRICTS, ARRONDISSEMENTS ET COMMUNES RURALES	ARMÉNIENS	MUSULMANS	DIVERS	OBSERVATIONS
V. Aganou-se		183		
V. Arap				
V. Baguirbeker		108		
V. Guerainzour	2.122			
V. Dairmandara		46		
V. Baldirganli		58		
V. Dalmalar		22		
V. Djidjimlou 1		1.440		
V. Djidjimlou 2		156		
V. Karakel		242		
V. Kotchmeri		64		
V. Magaramlar		40		
V. Malihalav		115		
V. Mahmoudboulag		21		
V. Megrab		40		
V. Melik-Najassi		43		
V. Montdara				
V. Sonarassi		57		
V. Tarhanlou		69		
V. Tourabat		52		
V. Turklar		58		
V. Oumaravi		105		
V. Frmam-Hrman		134		
Total	2.122	3.053		

DÉNOMINATION DES DISTRICTS, ARRONDISSEMENTS ET COMMUNES RURALES	NOMBRE D'HABITANTS			OBSERVATIONS
	ARMÉNIENS	MUSULMANS	DIVERS	
Commune rurale de Kaladarassi.				
V. Alidjan		233		
V. Goustou-phaga				
V. Goumretag	28			
V. Goungalar	54			
V. Djambarahtch		42		
V. Etchouvègue	404			
V. Yrtchan	80			
V. Kaladarassi-Metz	1.130			
V. Kalhanahli				
V. Kanatch-tapa		237		
V. Katchaarmoud		65		
V. Kegnakaind		45		
V. Kichlag		60		
V. Kratskeri-tzor	505			
V. Sarinkala	59			
V. Talanji	36			
V. Tchoban-Gunej	453			
V. Erhal		454		
Total	2.743	1.436		
Commune rurale de Cichavin.				
V. Kourdalou		196		
Total		196		

3 ARRONDISSEMENT

DÉNOMINATION	ARMÉNIENS	MUSULMANS	DIVERS
Commune rurale d'Artzevanik.			
V. Arizevanik	1.349		
V. Barlague		58	
V. Bachnox		39	
V. Enrasbou		89	
V. Yndjevar		89	
V. Karatchiman		216	
V. Kedaklou 1		153	
V. Kedaklou 2		79	
V. Moulkitchan	355		
V. Sevakon	1.377		
V. Sealler		75	
V. Habaij		198	
V. Tchaarni	484		
V. Tznodou		110	
V. Chavae-chnehlou		98	
V. Chabadri	514		
Total	4.084	1.204	

DÉNOMINATION DES DISTRICTS, ARRONDISSEMENTS ET COMMUNES RURALES	NOMBRE D'HABITANTS			OBSERVATIONS
	Arméniens	Musulmans	Divers	
Commune rurale de Temour-Mousskanli*.				* Dans les limites du territoire de l'Arménie, une partie seulement de ces communes rurales est comprise : les villages se trouvant hors de ces limites ne sont pas indiqués.
V. Devoullou		94		
V. Kourdkala		44		
V. Tansaver		395		
V. Chachverdlan		147		
Total		680		
4ᵉ ARRONDISSEMENT				
Commune rurale d'Asstazour.				
V. Alidara		1.987		
V. Astazour	1.222			
V. Malvalan	467			
V. Marziguite		751		
V. Nouvadi		1.072		
V. Tougoute		513		
V. Einazour		562		
Total	1.689	4.885		
Commune rurale de Darzimine*.				
V. Giagialou 1		343		
V. Giagialou 2		346		
V. Djanbar		242		
V. Kzantchi		145		
V. Klissakaind	315			
V. Chihaouz	1.037			
Total	1.352	1.076		
Commune rurale de Migri.				
V. Akarak		844		
V. Banavchapouch		28		
V. Bougakiar		96		
V. Vagrivar	298			
V. Vank	836			
V. Vartanazour		1.053		
V. Gialour	490			
V. Kourisse	312			
V. Leguevas	836			
V. Lichk	884			
V. Migri	1.054			
V. Moulk	90			

DÉNOMINATION DES DISTRICTS, ARRONDISSEMENTS ET COMMUNES RURALES	NOMBRE D'HABITANTS			OBSERVATIONS
	ARMÉNIENS	MUSULMANS	DIVERS	
V. Pouchkak		72		
V. Tagamir		255		
V. Teï				
V. Techtin	444			
V. Oudjanabas	481			
Total	5.719	2.318		

5ᵉ ARRONDISSEMENT

Commune rurale de Norachain.

DÉNOMINATION	ARMÉNIENS	MUSULMANS	DIVERS	OBSERVATIONS
V. Artchazour	308			
V. Ahtachana	264			
V. Dajmadaklou	304			
V. Dovrouz	297			
V. Dortni		327		
V. Karanga				
V. Norachenik	576			
V. Ochtar		353		
V. Hotanan 1	242			
V. Hotanan 2	244			
V. Tchobanlou		156		
Total	2.232	836		

Commune rurale d'Ochtchi.

DÉNOMINATION	ARMÉNIENS	MUSULMANS	DIVERS	OBSERVATIONS
V. Adjilou		100		
V. Atkiz		36		
V. Bagarlou		49		
V. Guedjanan	157			
V. Gurdjkaind				
V. Kigni-Sophoulou		190		
V. Kichlou-Mahmoudlou		463		
V. Kiralague		289		
V. Koutchilou		93		
V. Ochtchi		200		
V. Panislou	65			
V. Pirdovdan		360		
V. Pirilou		52		
V. Pourhout-Masra	65			
V. Chabadin	516			
Total	803	1.532		

DÉNOMINATION DES DISTRICTS, ARRONDISSEMENTS ET COMMUNES RURALES	NOMBRE D'HABITANTS			OBSERVATIONS
	ARMÉNIENS	MUSULMANS	DIVERS	
Commune rurale d'Ougourtchaï.				* D'après l'Agenda Officiel de 1917 dans le rayon habitent 100.600 Arméniens.
V. Bagabourdy	111			
V. Barabatoun	41			
V. Bachkaind			233	
V. Bich	51			
V. Vatchagan	182			
V. Vudgum				
V. Kavard		153		
V. Katar		139		
V. Kiarhana		45		
V. Ougourtchaï-Basar				
V. Tchekadin				
V. Chagardjin		180		
Total	385	517	233	
Dans toute la partie du district	77.136	38.840		

D'après cette statistique, dans le Karabagh Arménien (partie des districts de Djévanchir, Choucha et Djébraïl) et dans la partie du district de Zanguezour, vivent :

	ARMÉNIENS	MUSULMANS
Partie du district de Djevanchir......	19.097	3.874
Choucha	86.923	29.852*
Djébraïl	17.626	
Zanguezour	77.136	38.840
Total	200.782	72.566**
ou	73 1/2 %***	26 1/2 %

D'après l'Agenda Officiel du Caucase de 1917 :

	ARMÉNIENS	MUSULMANS
Partie du district de Djevanchir......	22.000	17.000***
Choucha	98.000	30.000
Djébraïl	22.000	
Zanguezour	100.000	50.000
Total	242.000	97.000**
ou	72,4 %***	28,6 %

* Dont 19.000 habitent la ville de Choucha.

** La proportion des Arméniens augmente encore plus dans ces parages, si l'on déduit le nombre des musulmans qui vivent dans la ville de Choucha, et celui des musulmans nomades.

*** Dont 13.000 nomades.

Annexe VIII

TABLEAU STATISTIQUE DES POPULATIONS DES DISTRICTS DE ZANGUEZOUR, NAKHITCHÉVAN, CHAROUR, ERIVAN, ETCHMIADZINE.

DENOMINATION des Districts	Superf. du terr. en Kil. carrés	POPULATION			
		ARMÉNIENS	Tartares, Turcs, Turkomans Karapapakh Persans, Tates, Talichins	Kurdes	Divers
Zanguezour (une partie)	6.000	100.000	50.000		
Nakhitchévan	4.179	54.209	81.191	517	936
Charour	2.798	29.165	58.493	1.861	728
Erivan	2.809	106.933	86.741	6.763	5.130
Etchmiadzine	3.534	115.026	41.310	9.653	1.807
	19.320	405.333	317.735	18.794	8.601

Annexe IX

TABLEAU STATISTIQUE DES POPULATIONS DE LA PROVINCE DE KARS EN EXCEPTANT LA RÉGION SITUÉE AU NORD D'ARDAHAN

DÉNOMINATION des Districts	ARMÉNIENS	Tartares, Turcs, Turkomans, Karapapakhes Montagnards du Caucase du Nord	KURDES	Russes, Grecs Nestoriens Géorgiens Occidentaux	Divers Iézidis Tziganes Juifs
District de Kars	80.752	51.659	10.911	19.996	28.652
District de Kaghizman	35.881	5.782	20.677	13.413	8.612
District d'Olti	4.953	330	5.179	7.750	21.985
District d'Ardahan en exceptant la région située au nord d'Ardahan	470	15.550	8.100	8.920	4.700
	122.056	73.321	44.867	50.079	63.949

Annexe X

La partie de l'arrondissement de Tiflis qui arrive jusqu'à Tiflis même et qui, par le Sud-Ouest, est limitrophe du Nord de l'Arménie, a :

15.000 Arméniens
8.000 Géorgiens
5.000 habitants d'autres nationalités.

La ville de Tiflis a 344.629 habitants dont :

129.568 Arméniens
69.563 Géorgiens (1)
78.356 Russes
13.834 Tartares
2.705 Kurdes
2.136 Montagnards du Caucase du Nord (Musulmans).
48.767 Divers

1. dont 11.717 Géorgiens musulmans

PARIS

IMPRIMERIE-LIBRAIRIE VERADZENOUNI

16, Boulevard Saint-Denis, 16

RÉPUBLIQUE ARMÉNIENNE

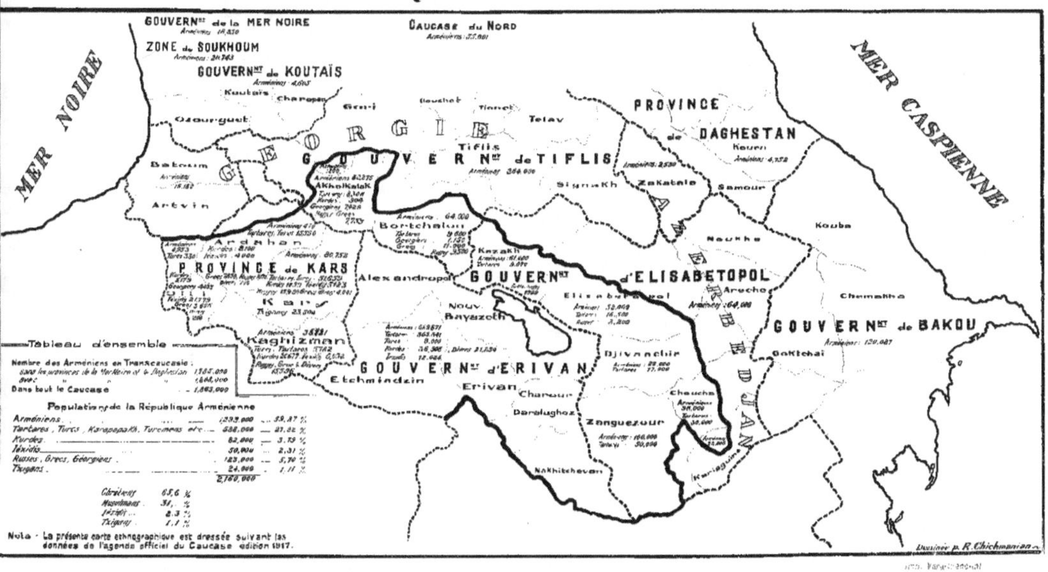